VELUDO ROUCO

BRUNA BEBER

# Veludo rouco

COMPANHIA DAS LETRAS

Copyright © 2023 by Bruna Beber

*Grafia atualizada segundo o Acordo Ortográfico da Língua Portuguesa de 1990, que entrou em vigor no Brasil em 2009.*

*Capa*
Kiko Farkas/ Máquina Estúdio

*Preparação*
Silvia Massimini Felix

*Revisão*
Marina Nogueira
Angela das Neves

Dados Internacionais de Catalogação na Publicação (CIP)
(Câmara Brasileira do Livro, SP, Brasil)

Beber, Bruna
   Veludo rouco / Bruna Beber. — 1ª ed. — São Paulo :
Companhia das Letras, 2023.

   ISBN 978-65-5921-591-1

   1. Poesia brasileira I. Título.

23-151532                                          CDD-B869.1

Índice para catálogo sistemático:
1. Poesia : Literatura brasileira  B869.1

Eliane de Freitas Leite – Bibliotecária – CRB-8/8415

Todos os direitos desta edição reservados à
EDITORA SCHWARCZ S.A.
Rua Bandeira Paulista, 702, cj. 32
04532-002 — São Paulo — SP
Telefone: (11) 3707-3500
www.companhiadasletras.com.br
www.blogdacompanhia.com.br
facebook.com/companhiadasletras
instagram.com/companhiadasletras
twitter.com/cialetras

*Tristeza, tristeza foi assim*
*se aproveitando*
*pra tentar se aproximar*
*ai de mim*
*se não fosse o pandeiro*
*e o ganzá e o tamborim*

Jovelina Pérola Negra versando
com Guará em "Sorriso aberto"

# Sumário

**AMOR E MORTE**

Luziê, 13

Promissões, 14

Casarões, 16

Angular, 17

Dona Maria, 18

Chuvisco, 19

Dona Landa, 20

O cenário é comum, 21

Dona Quita, 23

Fernanda, 24

Tia Celi, 26

Márcio & Márcia, 27

Topografia, 29

Dona Brélia, 30

Medo da morte, 31

Lourdinha, 32

**NATUREZA E FANTASIA**

Acusmática, 35

O sol e suas cascas, 37

Música das esferas vol. 7, 38

Para Olga, 40

Nenúfar, 41

Olho do Ídolo, 43

Coração colônia de ninguém,  44
Milagre dos peixes,  46
Minhoca,  47
Radiante & Aflita,  48
Veludo, veludinho,  49
*Imaginação querida,,*  50
Beija-flor de sal,  51


OFÍCIO E GRAÇA
Absalão,  55
As pítias,  56
Água suja,  60
Papagaio!,  61
Refrão,  63
Chapeado,  64
Nota Sem Título,  65
Gideão tá vendo,  66
Lipoma Blues,  68
Dissertação,  70
Ritmo,  71
Cabras,  72
Enfiteuse,  74
Assacinato enprol d'ofíssio,  75


HISTÓRIA E GEOGRAFIA
Rua Leopoldina Tomé,  79
Dolores Duran no Centenário,  80
Rua Joana Kalil,  82
Clube Apolo, Coelho da Rocha,  83
Amaro Rio,  84

Piripiri (PI), 86
Fatima's Place, 87
Inhambane, 90
São Paulo, 91
Encruzilhada, 92
Veludo rouco, 94
Roda de tiririca, 96
Garitão Danças, 98
Rua Vitorino Carmilo, 100

AMOR E MORTE

# Luziê

Pai celestiá
ninguém sabe quem varre nossas porta
Se vento ventoso, vento de arrasá
ou vento de ninar cantiga

Por isso santa Rita nóis canta
advindo disso santa Rita nóis reza
que na girada do olho o bem devora
Mais ói santa Rita chegáru tuas visita

Viéru de cavalo
cavalo de cavalgado
O branco não qué iludido
o preto sim que sabe vagueá.

# Promissões

Passei os cinco primeiros anos de vida
de molho no permanganato de potássio:
*A pele é muito grande, o bicho rói*

Aos sete fui promovida ao tanque de cimento
e vovó me banhava e gargalhava e dizia
*Tem que aprender a descascar laranja*

Quando fiz uma década, ganhei uma faca
a primeira, faquinha, cortei o dedo
no osso e pedi para ser pintada

Ela foi capengando e fingindo à terceira porta
da cômoda onde reinava, em sigilo, o banho
de luz: *Melhor é um copo de vinho*

Aos sábados batida de coco. Aos domingos
chupar peixe com pratada de grão-de-bico:
*Agora um cálice de licor de jenipapo e cama*

Comíamos figos, pêssegos em calda, sorvete
de passas ao rum; mais cochilo: *Eu sonhei
com avencas e samambaias se abraçando*

No meu sonho todas as casas tinham um pé
de nêspera, de dia colhia-se manga-espada e
cajá e crianças roubavam romãs da vizinha

*Acorda e vai beber água da bica!*
Fazíamos alongamento pro corpo crescer, a pele
colar no corpo e os músculos segurarem os ossos

Vovó nunca cantou uma música, mas gostava
do bailado, e nele me ensinou a rezar *Na vida*
*se agradece a comida, a bebida, o sono e a saúde*

Na cata do feijão recompúnhamos as propriedades
matemáticas; gostava de ouvi-la narrar plantações
de arroz: *Tudo é, tudo está, tudo vai e chegará*

Vovó não aprendeu a ler, ensinou a natureza.
Meses antes de se encantar, aos 92, inda soprou
*Agora que sou criança já posso descansar.*

# Casarões

O coração é o povoado da memória;
    aparentado com o fígado é o sentimento
        a indignação ocupa o estômago
      mas o desejo faz do pulmão um pomar

A cabeça é inquilina
    ou proprietária do corpo,
           e quem morre primeiro?

# Angular

O que os meus mortos não sabem e nunca vão ouvir falar
é que ainda estou de pé e sorrindo em uma cena perdida
no passado de suas vidas; cores-sombras, vivos, sorrindo
dentro da minha vida. De manhã, ao derramar o café
fora da xícara, ainda sou criança e ouço o tlectlectlec
da máquina de escrever da minha tia. Vovó cruzou
a copa pela porta da cozinha, com pressa, sozinha
sobre a fúria de quem vai socorrer a carne assada

A porta do quarto bate, eu salto, um quadro
cai da parede na escrivaninha, a geladeira
esguicha. Ondas. Calor e energia. Não sabem
não querem, não pedem, mas deslizam e eu
rastejo na eletricidade — um sopro, um eco
um traço, um tique — das palavras, da estada
permanente das palavras que disseram um dia

Ainda não terminei o café, tampouco sinto saudade
pois sei que assim que me levantar desta mesa
vou reviver o mundo em altura e graça
sentada na cacunda do meu tio.

# Dona Maria

A vida é água purinha:
banho, bibida e laranja

# Chuvisco

Na tarde que me despedi de seus ossos
fiz promessa aos urubus no horizonte
dos meus trinta e três anos

No final disse a eles: andorinhas,
por favor, ora cotovias, massageiem
o passado desses trinta e quatro anos

Só agora aos trinta e cinco é que começo
a dar adeus à sua voz; longínqua caminha
para a mudez, mas há pouco vibrava

ao falar sobre a loja de guarda-chuvas
que visitávamos todo mês só para entoar
nosso bordão — *sombrinha pra sobrinha!*

Anos e anos depois continuo descendo
a rampa do cemitério, e já naquela tarde
pressinto que nunca chegará ao fim

Mas hoje aos trinta e sete tento balizar
a lágrima e os dias e, olhando o retrato
daquele sábado em Juiz de Fora, sorri.

# Dona Landa

Grande é o mundo
Velho é o mundo
Tudo é mundo

Mundo eu
Mundo você
e todo mundo

Qué dizê
tudo e nada
ao mermo tempo.

# O cenário é comum

A agenda marrom do meu avô. Capa de couro e inscrição dourada sobre a mesinha do telefone. Mesinha de madeira com franjas também em madeira. Gotas espessas de madeira plantadas no ar. Em cima dela, ao lado dele, tecnologias peculiares: um telefone de disco, um cálice, um lápis da Bardahl, uma caderneta, um abajur de abóbada grande em tecido. Marrom claro e bege. Do outro lado a poltrona, na época de couro salmão, hoje ao completar cinquenta anos ganha uma roupa de napa cinza gelo na sala da minha casa. Na guarda da segunda capa da agenda, uma folha colada. O nome de todos os seus quinze irmãos, com data de nascimento e morte numa letra volutosa de convite antigo. Tabela de Bic e régua e lápis borracha: José, Paulo, Luiz, Carlos Eduardo, Helena, Virginia, Marili, Guiomar, Dinorah. Nomes para tudo que não existe mais e ainda falta gente e quem será que completou a data de partida do caçula?

Ali eu brincava de fonte, jogando desejos — um carrinho de rolimã! —, e de treinar minha assinatura. Queria, um dia, como nas novelas, assinar documentos sem ver. Também queria criar minha própria imagem daquela palavra nova: rubrica. E ter, como os adultos, uma assinatura firme porém ilegível. Meu nome escrito, vistoso e espraiado na medida de uma linha. Assinatura já ensaiada e definida para quando ganhasse — uma caneta! — minha primeira caneta de verdade e não aquelas sem tampa largadas ou com as tampas trocadas e as bundas roídas na gaveta da cômoda. Então vovô, mastigando caqui, disse numa sexta-feira: *Espia, Bruna passa o dia inteiro dando autógrafo, não sei que tanto essa garota quer assinar.* A agenda marrom do meu avô não sei por que não me esperou crescer. Estivesse sob minha guarda, transcreveria seus farelos. Onde será que repousa, eternizada num rio acastanhado? *Isso é coisa da tua tia.*

# Dona Quita

Dizeres
Bonito é dizeres
Eu gosto de dizeres
Gosto muito de dizeres
Dizeres assim, só dizeres
Me dá um livro de dizeres?

# Fernanda

A primeira menina que me deu um beijo na boca
— intuindo, acolhendo um segredo a sete chaves —
se chamava Fernanda. Ousada para conquistar
a paz e cumprir seus desígnios de mocetona
desiludida e solitária, beleza sem maldição

Fernanda era digamos idealista: tão engraçada;
mais velha, repetente, tinha peito, buço, pentelho
e menstruava. Alegria de tantos dentes, dedos
amarelos e saltitantes de pastel recém-frito,
olhos de caroço de azeitona que dormiu na pia

Ela doze.
Nossa escola era de padres,
Fernanda era inconfessa.

Às quartas, depois da aula de educação física,
chegava a hora do vestiário e todas as meninas
tomavam banho peladas, tão austrais e diárias,
mastigando chiclete para conversar gritando
— o calor, o cheiro, a vertigem da imaginação —
e eu esperava à sombra do meu desejo a sete chaves
sentada na arquibancada do campo

Um belo dia — belíssimo, ainda hoje colecionável —
contei errado o número de meninas e entrei antes:
sunquíni verde fluorescente não só para esconder,
para constranger toda parte em qualquer parte,
caminhando disfarçada como quem foge. Liguei
o chuveiro, tranquei a porta do chuveiro, tirei
o sunquíni e me banhei em tanto pensamento

Eu dez.
Mas a porta não estava trancada,
Fernanda era o diabo.

Em junho Fernanda me chamou para conversar
mas não conversamos. Sentadas na arquibancada
do campo, ficamos em silêncio e de mãos dadas
por baixo das mochilas. Até que Fernanda diz
*Gostei de você mas tô saindo da escola*. Aceitei
a frase. Também seu 24 cores roído como prova
de amizade. E um último convite para o vestiário

O segredo:
era eu quem beijava as meninas primeiro, Fernanda.
Fernanda, devolva seu segredo, nele sinto saudade.

# Tia Celi

Tu chupou
manga
com febre?

# Márcio & Márcia

Márcio e Márcia ouvindo
e cantando "Vento no litoral"
num quintalzinho de cimento
com mureta, floreira, portinhola,
mangueira, bico de alimentar bem-
-te-vi; chega a romaria de formigas

e a piaçava atrás do tanque espia
tudo: meio metro de cascalho, dois
filhos correndo mundo, olho-de-boi
em copo d'água não pisca; a piaçava
é discreta, mas se pergunta *ora que tipo
de promessa essas formigas pagarão?*

É quarta-feira ou domingo, mas
meio-dia: estirado numa cadeira
de praia, saúda o sol e a saudade
dela que está no cômodo ao lado

Ela saçarica o corpo sobre a pia, platina
uma sardinha em lata com cebola crua,
ovo cozido, cheiro-verde, pimenta, sal,
saudade dele que está ao lado e preserva

o gogó para o refrão; a primeira
voz é dela. A segunda voz é deles.
Ela sopra *amo você* no ar parado,
ele trina *sem ti vivo em vão*

Deste lado do muro, marco respirações:
balé de dente, balé de dedo, balé de língua,
formiga à provençal; a piaçava toma notas
— promessa longa, lenta, profunda —
e rasa ao longe um cheiro de porão

A piaçava dá um mortal pra trás
O Márcio dá um mortal pra trás
A Márcia dá um mortal pra trás
O amor é um mortal pra trás.

# Topografia

Deito minha vida
na tua vida
e arvoreço
sobrevoada pelo céu
É máximo
esse amor
e sonha
dedilhado
pelos astros
Abraçando e desinibindo os dias
capino
entre espinhos
o teu carinho e acho
que espreitas o meu
enluarando, pasmado,
a pontilha da serrota.

# Dona Brélia

Olha sinceramente
Né brincadeira não
S'eu t'contar
Cê não acredita
Pressionante menina
Tô dizendo

Ah tem paciência né
Sem dó nem piedade!
De um dia pro outro
Assim pá-pum
T'contar viu

Sabe do que mais
Águas passadas
Fingir que nem sei
Palhaçada.

# Medo da morte

Melhor empurrar o verão pra trás
e cortar rabanete, espremer limão
brindar os dias que partem
de nós como finais

Salpicar coentro, uma colherzinha
de azeite, um sustinho de sal grosso
correr pelada pela casa, defumar, espiar
na foto sobre o sofá: o mar

Pitar, pitar, pitar, rir
tomar cerveja, pitar, pitar
gim, chorar, tomar cachaça
vinho, pitar, Campari, vermute

Morder o canto do dedo, cheirar teu suvaco
lembrar do dia que abraçamos um macaco
porque o desejo é multiplicar o que já é vasto
e entupir de gelo, sabonete, cheiro-verde e pirão

Desferrar os dentes com os teus beijos
e fazer enfim uma salada porque nada
é mais saboroso e insubmisso
que o tempo.

# Lourdinha

Deus não dorme
nem eu
tudo muquirana

Por isso a insônia
é divinal
e nela sou luz

Mas de tanto velar
velame virei vela
agora vou velejar

NATUREZA E FANTASIA

# Acusmática

Queria entender a paisagem
mas estou de mudança, quem vai
carregar minhas coisas é um tímido
de dedos lanhados, na testa o vinco
da alegria, nas mãos o pesar, ele diz

— *quem fica aqui no degrau*
*de baixo da escada não faz força*
*faz amparo*, mas que ao fazer força
sente o infinito girar sozinho

*quando posso visito a rodoviária,*
pede um café e assiste às pessoas
indo embora; das que chegam
ele também gosta

diz que viu escrito num cartaz
*quem ama sofre mais*; entreouviu
no metrô *você não sabe mas eu*
*junto muito dinheiro!* —

Eu também gosto, gostava
da paisagem, dessa escada
paredes, janelas e do corredor
quando a porta bate, batia
e esconde, escondia o sol

Aquele ano foi diferente.

# O sol e suas cascas

centelha descascando luz descascando madrugada descascando aurora descascando alvorada descascando arrebol descascando amanhecer descascando manhãzinha descascando manhã descascado dia descascando entardecer descascando tardinha descascando lusco-fusco descascando crepúsculo descascando arrebol descascando poente descascada tarde descascando anoitecer descascando noitinha descascando boca da noite descascada noite descascando noitão descascando madrugada descascando luz

# Música das esferas vol. 7

As estações é que percorrem a cidade de trem;
o que a cidade traz? À revelia de cada passo
sobre a terra — todos rumam para o hábito —
o que se funda é a própria morte; mas buscam
o encantamento e um tipo específico de alegria,
a intransigente. Ordenam *árvores, escorem o dia*

> Cai bétula, narciso, jasmim
> cravo, laranjeira, azaleia
> copo-de-leite, antúrio, íris
> agapanto, beijo-pintado
> flor-de-maio, ciclame;

Toco a memória, por detalhe que alfineta,
como um sonho relembrado. Sou também fruto
do sol, gerador, e sua criatura, cápsula explodida
da razão. E com a lua, prata criativa, geracional,
pólvora implodida da emoção; a duplicidade,
triplicidade dos astros é a plenitude dos seres

> Cai jacinto, gerânio, hibisco
> lírio, girassol, magnólia
> prímula, rosa, verbena
> ave-do-paraíso, gardênia
> cinerária, amor-perfeito;

As matas, circunscritas pelas nuvens, é que depois percorrem o ar sem renúncia, num rompante sem ossos, sem moldura; durante mergulham na escuridão da terra e rastejam endiabradas; olho vivente reaviva ilusões; *receba estes ombros ombros ombros de pesca.*

# Para Olga

Três laranjas Hilda deixou:
a primeira vai virar suco
a segunda vai virar doce
a terceira está solteira

Também uma estrela baldia
a pasta com farelo de reboco
e a Ctenanthe agrestia logo
atrás chorava ouro

Três laranjas Hilda deixou e
tenho certeza me esperavam
com a língua de fora

mas talvez sejam limões.

# Nenúfar

Estive aqui, um dia no futuro estarei aqui

O folhiço nadava borboleta no rio; nadava
mais alguém, margeando o lodo, cortejava
a respiração da vegetação lenhosa

O sol dizia seu refrão mais popular
no repique oculto das águas, que sonhavam,
e no sonho acolhiam um recado de alegria vibrátil:

*no arvoredo, no arvoredo*

Fossem nenúfar, não conheceriam o desespero,
versariam para uma gaita prateada, penetrando
o barro das bocas mortas; quem dança?

Adiante vem a praia de brejo, o caramanchão
de flamboyant acocorado sobre a mangueira
centenária; pousa o tucano e o quero-quero

grita e acorda a coruja, que de constrangimento
se esconde e aguarda o anúncio da cigarra
a desfiar o falbalá orvalhado da noite

*no arvoredo, no arvoredo*

Fosse a coruja nenúfar não perseverava, oferecia
o rosto ao céu como joia barata e resistida
um botão esquecido no pasto.

*Para o rio Paraíba do Sul, na altura de Santa Branca (SP)*

# Olho do Ídolo

Diamante que é diamante
— e tudo que é exato leal
secreto longínquo valido
brutal e magnético —
enlaça, conduz, ritma
as mãos de quem deserta

Mas gema por gema
nem tudo é carbono
e avista-se

O Pequena Estrela de África
O Rosa Vívido de Graff
O Montanha de Luz
O Briolette da Índia
O Esperança Azul
O Excelsior
O Regente
A Laranja.

*Em memória da língua do Marujeiro da Lua*

# Coração colônia de ninguém

*BR pra lá é breu*
*BR pra cá é breu*
café de petróleo e pão
de queijo duro sob
o céu de Registro

Dândi, duda, dante
zibelino, a vitória
de Vinólia teme
tua volta
a cavalo

Salvia divinorum
flor azul ou branca
borboleta da família
da coruja

O drama é tua dama
mas quem segura
tua mão?

China, Jamaica, Major
Diogo, Croácia, Para
íso de miudeza
e majestade

Dormir, acordar, talvez
morrer mas acordar
desacordado e preso
aos pés de um orelhão
em outro bairro

O que sei sobre você:
poesia, mistério e fé
benjoim, alfazema, filtro
amarelo e Vonau Flash

A chave do teu peito
é irmã gêmea
da espátula?

Pra sempre tua
basílica de guimbas
claraboia em dia de chuva
amiga, irmã e cortesã.

# Milagre dos peixes

Toda montanha é uma onda parada.
Do jardim avisto a flor que cresce
resistiva no beiral do telhado

Toda culpa é circunstância.
Do pombal assisto à gota de chuva
submergir no desnível da estrada

Habitar o trilho é habitar o pássaro.
*Tanta pedra moída!* Mas é no rasante
da sanfona que o pássaro rastreia

Mando um recado pelo ar
da manhãzinha: maquinista
não sai do lugar, é o destino
de costas que orienta seus dias.

# Minhoca

Foi uma delícia
vocês no cogu
eu no pudim

# Radiante & Aflita

Eu e Brinco muito abraçados
não conseguimos respirar
debaixo da roda sulcada
dos dias

É para lá que volto agora
pro meu amigo, seu nome
é Brinco de pássaro-princesa
não tem volante, mas tem lixeira

Brinco me deixa arrancar
os pés e remar remar remar
e remar com eles até sumir
de velha.

# Veludo, veludinho

Afinal um machucado
tem que deixar
aberto ou fechado

# *Imaginação querida,*

Peixe que é planta é pássaro
— e tudo que é fera manta
vaga imo palheta valido
papel triagem caulim —
espia emudece fareja
dói macera espirala
é impossível
de abraçar

*Aonde pensa que vai?*

Arrastão no betume
originário, buraco d'água
afundo no zarcão da soleira
emerjo na penteadeira ataviada
das imagens que representam essência
e natureza divina e que se veneram
fossem a própria maturescência divina

*Vou também.*

# Beija-flor de sal

Sentada na cozinha
limpando bacalhau
achei um beija-flor
de sal

Suplicou
*deixe-me voar!*
Arrisquei
*bora nadar?*

Voamos
nadamos
voltamos
secamos

Adeus, beija-flor de sol,
te encontro no equilíbrio
natural; no aquém das coisas
não somos; vértebra, lixo.

OFÍCIO E GRAÇA

# Absalão

A vasa que a poesia mina
        lava o rosto e passa
        cabeluda, maquiada
pela metade; então se vira e diz

        *não quero brigar.*

# As pítias

Olha é tanta merda
pensada vivida ressentida violenta
num só dia que a vontade é pisar
nesse prego enferrujado e voltar
a ser o que sempre fui


I — Aquela
pendurada na beirola dura da bombona
o nariz bambeando as moléculas ardidas
do chorume com água sanitária e plástico
gritando lá pra dentro — o sangue bombeia
os olhos, o som em estado térmico — gritando
berrando rindo chorando caindo na gargalhada
ali pra fora e os cabelos vejam ó meros morcegos
aquela doida
pra cair de cara

Olha é tanta merda
pensada vivida ressentida violenta
num só dia que a vontade é pisar
nesse prego enferrujado e voltar
a ser o que sempre fui

II — Essa
sentada na frente do circulador quadrado
conversando sozinha em voz metálica
duplicada — *oion comoun teim pãssadon* —
me ouvindo e me falando e ao me interrogar
informalmente respondo só aquilo que gostaria
de perguntar quiçá argumentando *é meio quilo
de ilusão!* prestes a ressoar o que esperei ou esperava?
ou o que ainda espero e escolherei como resposta
mas a verdade é que me distraio com o silêncio
emparedando nossas vozes e esqueço
essa louca
pra decepar um dedo na hélice

Olha é tanta merda
pensada vivida ressentida violenta
num só dia que a vontade é pisar
nesse prego enferrujado e voltar
a ser o que sempre fui

III — Outra
de rosto retrancado, jeito de corpo
de quem é dona de açougue e usa
poças de óleo como espelho; a colecionadora
de peles de dedo coladas à trempe do fogão
essa sim mais uma que estuda pra matéria
prima do progresso e sabe fazer e aceitar
convites e faz conta como ninguém e gosta
de opinar entende das coisas mexe com dinheiro
enfim desejo ser tudo o que não cansa de existir
outra insana
faz tabelinha pra tomar chumbinho

Olha é tanta merda
pensada vivida ressentida violenta
num só dia que a vontade é pisar
nesse prego enferrujado e voltar
a ser o que sempre fui

IV — Você
que ateou fogo na cabeça do colega
da frente e treinou beijo na parede
do box cujo grande medo era e é
a cortina cair junto com a vareta
*isto é um escândalo!* ano atrás de ano
xingando a mãe pra dentro do casaco
esfriando leite com saliva; belo dia avistou
almas de pardais evaporando na vidraça fria
e uma baía que de longe parecia o deserto
azul de nossas dores quaradas, cavalgadas
e encavalando-se numa fazenda à beira-mar
você frenética
gostando de queimar a língua

Olha é tanta merda
pensada vivida ressentida violenta
num só dia que a vontade é pisar
nesse prego enferrujado e voltar
a ser o que sempre fui

Eu não sei mas acho
que as coisas boas começam assim
cair gritar decepar veneno abandono combustão
doutro lado é jogar a tarrafa nesse cupinzeiro e nomear
o trauma destronar a corja dispersar a glória e sabe do que
mais vou te contar todo dia é muito prego enferrujado.

# Água suja

Ano que vem
fantasia de carne
de sol temperada
com ódio.

# Papagaio!

Bom dia
meu corpo é uma lápide
coletiva que amedronta
a primeira claridade

É palha entrelaçada e
familiares entrelaçam
familiaridades lácteas
ridículas em segredo

Nem vermes nem jujubas
no dobrar do murmúrio
da serpente saltitam
venturosas rugas

    — disse o príncipe no passado.

O resto está no verso
foi você que escreveu
basta qualquer coisa
atrevida e condensada

Vamos assim uma semana
bem e na seguinte pura
                    hora
             parada

É uma fatalidade
gostosa é a vida
sem dente come ave
no sebo se arrasta.

# Refrão

É tanta coisa
que nem sei

# Chapeado

O país quando é lindo
e jeitoso é a véspera
assídua da treva
nem faz cerração

Por isso tantos anéis
um cordão uma tiara
cetro um trancelim
grinalda o broche
manto pincenê
pendentif

e o arco
por cima da touca
a touca por baixo
do chapéu e rasga!

Rasga fogo
Rasga diabo
Rasga marmota.

# Nota Sem Título

Horror que me rói
horror que assoma
e tão régio se agita
enrugado pela dor

A dor é mais catita.

# Gideão tá vendo

Robôs passam seus dias ligando pra mim
e acredito que pra você também; um dia
isso não será mais incômodo, por ora
vamos registrar a recorrência

Reclamo pois quando atendia desligavam
na minha cara. Cara? Não sei, é o caso
talvez de um ou dois robôs crianças

Agora robôs velhos passam os dias escrevendo
bilhetinhos pra mim, outros correm na caixa-
-postal, à boca pequena do vácuo

Noutras queria ser robô, talvez seja, mas já fui
tantos seres que às vezes me pergunto quem era
e a quem devo, quem vai pagar, receber, resolver

> Hoje fui MARLY, a Acordo Certo trazia novas
> possibilidades de parcelamento; e TADEU, início
> de processo judicial no CPF; quando fui JANETE
> meu benefício estava bloqueado; sendo JOSÉ
> minha negociação Claro venceu ontem

Mas tive dias de temor ao ser BRÁULIA,
a última compra do meu medicamento tinha sido
dia 5/10; soube quando fui ALISON que presentes
especiais a partir de 19,90 me aguardavam somente
na loja Boticário da av. Rotary

Gostei de ser: TAYANE, sua opinião é muito
importante para nós; fiz contas por ser TÚLIO,
Grande Feirão de Automóveis nesse sábado!;
mas fui informada ao ser ADRIANA que os títulos
tinham sido enviados para cartório por falta de negociação

Bom mesmo foi outro dia, uma segunda-feira
que acordei bem cedo e me soube MEIRE,
Dentes Brancos Naturalmente.

# Lipoma Blues

Não gosto de ser gente
e quando esses palhaços
me perguntam (falam muito)
o que faço da vida digo
    SONHO
        QUE
           SOU

              inclusive detetive
no campo de Santana praça da República Belacap RJ —
           Alô quem fala
           Miss Uva Thompson em que posso
                  [ajudar
           De que natureza da parte de quem é
                  [o seu pai
           Digamos que sim. Especialista.
              [Afobações leves.
           Dez reais? Navalhada? No jarrete?
              [Francamente.

        A QUADRIGÊMEA
      LINDA de CHÃ
    PATINHO e LAGARTO JÚNIOR

Uma ligação? No telefone? Que dia
[é hoje?
Miss Pera Williams em que posso
[não ser útil...
Em absoluto, senhor, mas colônia
[não é perfume.
Às dez e meia. Manhã, entre a
[loucura e o despertar.
Modéstia, naturalmente. Dentifrício.
[Evite molas e ais.


Não gosto de ser gente
A evidência é simples
A ressonância, profunda
Estar de boia no sentido
Olha o som indo e vindo

# Dissertação

Herpes! Herpes! Herpes!

Distúrbio, barriga grande, dente mordido, inanição
Lomba podre, ombro range, braço pia, punho berra

Suando na subaca
pinga pinga pelas asa
as mão gelaaaaaaadaaa

Vício, vício, vício — contusão de choro e riso
Caixa-d'água de café, matagal de fumo liso

Pra mais de ano, rapagão, mais de ano, mocinha
Mil e noventa dia a dia sem pregar o olho

Tanto livro tanta alface novalgina e frutas críticas
Valha-me nossa senhoria, lascou, cadê mamãe

Ah quem me dera voltar
Ah quem me dera voltei
a ler sem comentar.

# Ritmo

Piquei a voga e fiz
voga arrancada, apertada

Voguei, voguei, voguei
e tornei à voga demorada
que logo se tornou voga forçada

Ah, voga larga, ah, voga surda!

# Cabras

Com um e cinquenta
ninguém chupa
um picolé

Outro dia achei dois
reais no chão pensei *vou
comprar uma rosa branca*

Cheguei na japonesa
faltava cinquenta centavos
ela falou *depois você acerta*

Um cara me pediu um cigarro
eu disse *aqui* ele disse *valeu
mas ó toma lá esse real*

Um real nem existe!
quem coleciona sabe
deixa tudo no gongá

Meu chinelo arrebentou
o chão queimaaaaaaava
acabei mijando na calça

É foda, maluco

Com um e cinquenta
ninguém chupa
um picolé.

# Enfiteuse

Marsa, Castrícia, Eugráfia:
a ilha da fôrma de pudim
é minha única herança.

# Assacinato enprol d'ofíssio
(num eh maismuinto comun ogi endia né)


Tu tê muinta duenssa na cabessa
u dotô mim diçe ogi dtard
em ceu gonçultóreo
nu bom retiro

Não satirfeito faleau
quieu tamém era dirligado
dirlumbrado, pertubado
et sognadô

Eu fiqei um poko fulo çab
e retrukay di todo geito
maizele foi logo jogäno
a cupa na poezia

Lhevantei — as mão ssuada os pé friu
— e camignei dilá pra-k feitu mareco
esperano ceo marequigno nacê

*Pei pei pei* kem tê muinta duenssa
*pei* na cabessa é vossê *pei* kinunçab:
nunce pod vivet ceim a poezia

Ela naxeu pá num morret
y nuncanuzenxherá a auma di prédas
nem muédas, çó frores?

*Com Juó Bananère e o anticlássico da Bailarina de Vermelho*

HISTÓRIA E GEOGRAFIA

# Rua Leopoldina Tomé

Cavuquei cavuquei chão
passei as palma da mão
ao contrário uma
pra cada lado
aos modo de boas-vinda

Escolhi e panhei sete pedrinha
joguei pro céu, espiei
esperei, espichei o corpo
e a noite descia companheira
na mata só pipilo no piripiri

Do piripiri abri uma esteira
pousei serena igual papel
abri a boca e recebi
as pedrinha do céu
quinem sorriso.

# Dolores Duran no Centenário

Se o tempo é
o tempo é tijolo e açúcar
é rapadura e roo o tempo
para amolar os dentes

Se o tempo está
o tempo é a serragem
que cai quando abro a janela
para enquadrar uma visão à toa

Consigo do tempo e dos dentes
a vida que desejo avistar e aplaudir
e nesta vida abro uma janela
de oito décadas

Para a esquerda Dolores Duran
é adolescente e moradora do Centenário,
Duque de Caxias; para a direita sou criança
no Centenário, Duque de Caxias

Roo então a janela e na serragem
dos dias nos cruzamos uma tarde
por volta das três e meia
na Rua da Padaria

Depois do almoço, espano a rapadura
e atravessamos juntas a linha do trem
— Dolores aposta corrida comigo —
para um enterro no Jacatirão

Nunca fez frio no Centenário
mas Dolores me empresta seu casaco
de tijolos e açúcar e saímos para brincar
o Carnaval no viaduto da Dr. Manoel Reis

Moldo, embalo, presenteio de volta
o tempo com todos os pesares e graças
que vivi na voz da minha vizinha, é dela
essa mania de escrever, cantar e viver.

*Ao descobrir que Dolores Duran morou no bairro onde cresci*

# Rua Joana Kalil

Cai a tarde na Baixada, é fácil ver o mundo;
no peito cascalho, mosquitada e cerveja

Passo devagar, cumprimento quem passa
a caminho da igreja — um tiro de aleluia

A rosa de plástico se aborrece, liturgia
sem tambor, bate-coxa de impropérios

A noite pipoca no horizonte do meio-fio;
da cadeira de praia só azulejo e vidro.

# Clube Apolo, Coelho da Rocha

Tim Maia sentando
o gogó no salão, muita farinha
e loló e meu velho requebrando
um gruve invocado *taticundirundum*

Mas um casal de formatura
fumava Minister beijando
e quis amassar ao som *badabadá*
dum mela-fralda sussão

Tim já chinchado até a tampa
subiu na tamanca, eriçou a cozinha
e refrãozou: quem não *taticundirundaum*
segura a cri etc. motelzinho babau, rapeize?

Ah, DJ Rogério, sempre tumultuando
nem sonha que o amarrado de compacto
o tal que tomou doril naquela noite
é meu desde *betiqueberembéu* 84.

# Amaro Rio

Amar uma cidade
é como amar
uma mulher

        os anéis e os nós
        de suas raízes
        arrancados a pente

      o tamanho do sorriso
      e os dentes sujos
      de feijão

    o cheiro e os olhos cor
    de queimada na estrada
    num dia de calor

E depois da chuva amar
suas águas cinza, depois
azuis e as águas mudas

        as mãos hoje macias
        e as mãos amanhã secas
        o doce veneno da convivência

é amar sua natureza completa
e nem assim conseguir
separar o lixo


Amar uma cidade
é como amar
uma mulher

e esperar
que ela acorde
viva todos os dias.

# Piripiri (PI)

A primeira vez que vi um avião foi na televisão
Duas pessoas ensanguentadas caídas no chão
Uma delas uma criança
Pensei no que fazer
Fui tomar banho e de repente vi um homem
de perna de pau ali numa banheira de quintal
Só podia ser do circo, ele era do circo
Por muito tempo achei que as pernas dele eram
daquele tamanho
Era um homem declamando o circo.

*Em memória do historiador Leonardo Mota, o Leota,*
*baseado em registros de Lélis, Isabela e Moacir Mota*

# Fatima's Place

Lembro que viajei de Joanesburgo para Maputo de ônibus. Duraria em média sete horas, bateu dez. Ao cruzar a fronteira da África do Sul com Moçambique a pé, fui rodeada por um grupo de três ou sete ou doze doleiros-meticais que se multiplicavam de segundo a segundo uns por cima dos outros feito trapezistas mágicos. Tonteei fascinada na velocidade deles, justo eu, conterrânea de Tenório Cavalcanti e Fernandinho Beira-Mar, fã número oito de Lili Carabina, morta em tudo que tive: trezentos dólares-dilma. Viva e acordada, nunca soube mesmo contar, fazer contas é do terreno do mistério. Vem daí a propensão à ilusão, ao ilusionismo? Por isso, quando lembro de um sonho, nele sou contadora. Nado em calculadoras e trafego planilhas de doze abas; noite dessas aprendi inclusive a emitir notas fiscais. Enfim ao chegar a Maputo reencontrei meu anjo da guarda. Seu nome é Miguel. Já nos encontramos, corpo a corpo, algumas vezes: na saída do teste prático da autoescola no Vilar dos Teles; numa lotada que peguei em frente à garagem da Flores, no quilômetro 116 da Dutra numa sexta-feira às onze da noite para ir na Maratona do Cine Odeon; no dia em que caí dentro de um poço mas segurei na borda em outro livro; quando uma cigana quis encher minha mãe de porrada na frente do Rainha Center Caxias; no dia em que estava andando de bicicleta e caí nos fundos do canteiro de obras daquela que viria a ser a

Linha Vermelha; quando fui comprar amendoim Procê e cigarro pro meu pai e rolou rivalidade entre as favelas do Lixão e Vila Ideal. Na tarde em que me dei conta de que não lembrava mais o nome do passarinho que o Vô Lima me deu. Quando o vendedor da Disconildo me deu o Xou da Xuxa 4. No Dia das Crianças que a Vó Filhinha me deu o Roberto Carlos 92. Dias e dias. Foram tantos os trabalhos de Miguel, as caras, os ânimos, as vestes de Miguel. Naquele dia em Maputo ele era negro, trabalhava com informática em Xai-Xai e me avisou que um dos ilusionistas da fronteira estava nos fundos do ônibus e, pelo que havia compreendido em macua, ia terminar de me iludir. Maputo foi quatro noites de mosquiteiro, banheiro de albergue, frango frito, Exposis 48 horas e algumas árvores. Quando abro os olhos sei que fumei tantos vidros, que frequentei uma lan house diariamente para não escrever nada, que desenhei varejeiras no meu caderno e não troquei de roupa, que comi pão dormido e que chutei muito, muito, mas muito e com força, que chutei muito pensamento. Iogurte vencido é inesquecível e, quando fecho os olhos do colapso, andei Maputo inteira a pé. Mas terei ido de Maputo para Inhambane de chapa ou de avião? Lembro que de chapa fui em pé e emocionada, num ângulo de 140 graus decaídos, xingada em guitonga por alguém que até hoje se lembra e me detesta. Mais sete horas de viagem? Se fui de avião, fui sedada. E ainda me vejo indo de Inhambane a Maxixe no barquinho dos trabalhadores, uma brasileira. Uma de duas. Tinha uma mulher comigo, nós brigamos. Na cabeça dos trabalhadores, tiraram fotos comigo. Para mim, fui fotografada ao lado deles: vendedores de galinha à capulana. Sorrisos ilustres de uma coleção invisível. Comprei uma mochila vermelha arrebentada de um fixe que precisava pegar o barco de volta. Comprei dezoito panos, um chiclete e um chinelo. Cortei o pé, fui pedida em casamento por um velho de meio bigode. Aí teve a corte de baleias que apareceu fazendo festinha pra mim às seis da manhã da praia do Tofo, naquelas bandas onde o Atlântico e o Índico se lambem; também no poema da página seguinte. Delas, fui camarilha. Também pudera, viajava há tantos meios de transporte e deslembranças — do croissant do Vado no sul da França — e nem pensava em vê-las. Mas da França ainda faço pouco-caso, outro dia relato. Faz dez anos e ainda sei, lembro, consigo pouco das águas de Inhambane. Talvez o endereço, que não há, e sim, catorze de setembro, dia do meu aniversário porque o da minha mãe. E no teco-teco de banco de couro azul-marinho que peguei para Joanesburgo meu coração ainda se encontra todo, múltiplo, perdidamente apavorado.

# Inhambane

Aquela noite em Moçambique, 2013, em sonho alguém fazia muito sucesso. Era verdade. De dia arrumei briga com um engenheiro americano por causa de uns camarões que achei no brejo, mas adormeci comendo as cascas. Estava realizada pelo sentido de finalmente estar em África. Aquele dia, seis da manhã de Moçambique, acordei com o sol. Um chiado distante de massa pesada batendo na água. Não era um teco-teco cafona para Madagascar. Fechei os olhos, sussurrei *Me derrete, Oxalufã*. Avistava uma baleia. Digo agora como quem está de passagem e não quer nada porque estou e nem tive a ousadia de desejar tal visagem. Mas avistando e sendo avistada pelas matas, vibrei tanto que por fim não sei ao certo o que senti. Espalhafatosa, magnânima, rainha das trívias, o estômago das águas, as fotos não sabem de nada. A glória das baleias é que não sabem de nós que estamos — pedestres, estultos, doentes, panacas — as baleias acontecem. E sabem passar.

# São Paulo

De dia refri
de noite refrão

# Encruzilhada

1944, Mário de Andrade cruza
a Lopes Chaves rumo ao eterno incontornável
largo da Banana, quer versar

1945, Geraldo Filme cruza
a Capistrano de Abreu e encontra o Zeca
da Casa Verde numa roda de tiririca, querem versar

1952, dona Augusta Geralda cruza
a pensão e dirige-se à fundação
do Sindicato das Domésticas de SP, quer versar

2013, Juçara Marçal, minha conterrânea e vizinha
cruza a Eduardo Prado e ruma para o metrô
Marechal com um caderno na mão, quer versar

1940, Inezita Barroso cruza
a Adolfo Gordo a caminho da Caetano
de Campos intuindo a biblioteconomia, quer versar

2018, Kiko Dinucci cruza
a Albuquerque Lins de guitarra e caneta
em direção à Padaria Palmeiras, quer versar

1951, Marcia Vinci, esbaforida, cruza
a Vitorino Carmilo para escalar a Angélica
de bonde: USP Maria Antonia, quer versar

2019, Amara Moira cruza
a alameda Glete com quatro livros rumo
ao Aparelha Luzia, quer versar

1912, Mazzaropi cruza o corpo de sua mãe
no casebre 61 da Vitorino Carmilo,
hoje um estacionamento, querendo versar

2016, Julio de Paula cruza a Lopes
de Oliveira em vibração e traz o Câmara
Cascudo pra gente escutar, versemos

2012, o Ilú Obá de Min sai da Eduardo
Prado, 342, cortejando céus e terras
em direção ao Minhocão, quer versar

2020, Bruna Beber cruza a Vitorino
Carmilo de máscara e rasteja
até o Bar dos Passarinhos, quer o quê?

Na Barra Funda é assim.

# Veludo rouco

A Lopes de Oliveira nasce todo dia
com cinco dedos na política e a unha
do mindinho cheia de mentira aos pés
do muro que esconde os trilhos cânones
da Cia. Paulista de Trens Metropolitanos

O céu esbraseia toda a luz da extensão sólida
continental em reunião — então de que mais,
de que mais precisa a Amendoeira Terminália
para fundir-se de vez ao universo como metal
e cavalgá-lo, soberba e parada, pelos astros?

Basta um documento no plástico e um galho
seco na caderneta; também um lápis mordido
e uma rifa de batedeira marrom e mal sabe
ela que com um chapéu forrado em organdi
tornará a nascer e a chamar-se Rosa e Silva

O sol é uma bola preparada para a lua
cobrar um escanteio e acertar o retrovisor
do sacolão volante da galáxia e de que mais,
de que tanto precisaria aquela Palmeira Fênix
para esmerilhar as nuvens com azul de fábrica?

Depois eu viro a Brasílio Machado e vocês
podem vasculhar com calma as minhas malas
e, garanto, não há sequer um nécessaire da Varig
tampouco um dedal; quem deliberou a beleza nasceu
no lixo assim como eu, ademais todas nós vamos morrer
espatifadas nas torres duplas, esdrúxulas do Queen Victoria.

# Roda de tiririca

Até a polícia chegar
no largo da Banana
a vida era macia

Engraxate puxa caixa
marmiteiro puxa fósforo
samba, samba e valentia

*Visage*

Vai pernada, pernada, salto e
rabo de arraia, salta, ameaça
rasteira e
*Agache*

*Visage*

Vem torto, protege a queixada,
pula pra lá, apeia, sacode
e lá foi banda e

*Visage*

Engraxate sarrafando caixa
marmiteiro pipocando fósforo
samba, samba, graça infinita

Tarde adentro noite afora
ia ia ia até a polícia chegar
no largo da Banana.

*Baseado em depoimentos de Osvaldinho da Cuíca
e Toniquinho Batuqueiro, em memória
do batuque e do Samba de Pirapora*

# Garitão Danças

Nem todo gariteiro
gosta de garito
tavolagem, baiuca, jebimba

Eu gosto de tudo
que oficialmente
não existe mais

Mise-en-plis, garrafada
gafieira, cassino
jogo do bicho
e taxista

Na chafarica
comprar fumo
Na locanda
pedir conhaque
Na futrica
moer café e forrar
bem o bucho
numa casa de pasto

Os basculantes do Garitão
também sentem saudade
trepidam Hélio Bagunça
madrugam Dora Lopes

Cascos de Antarctica
saleiros, espelhos trincados
ressoam Roberto, Dafé
e Johnny Matis

Hermeto frequentou
mas quem frequentava
não esquece Les Girls — Rogéria
Divina Valéria e Jane di Castro
no Baile dos Mascarados

Um sal de fruta e a Lavapés
a Camisa Verde e Branco
e a Império do Cambuci
efervescem a Ribeiro da Silva;

escrevo com vista para o Garitão e agradeço
o passado que acampa no meu verso e encoraja.
Dessa lembrança já escapuliu um tangará
rebolou na janela, secou a testa, chispou
palitando os dentes.

# Rua Vitorino Carmilo

Em dois dias vem o ano
                        esmeralda
e consternada deixo a vista
                        que dista
              o pico do Jaraguá

Daqui assisti ao passaredo
acordoado desses dois mil
dias; aqui *falei pouco*, diz
a pipa suicida mas aparada

Só recordei mesmo Cristina
                      a loira
                      tingida
de sol          unha carmim
lábios duas bitolas    pardas
soam a cartilha da abelhinha

E agora já virada moça graúda
sei ler sei amar não sei dormir
sei acordar martelar e até ficar
mas asinha vem hora de partir.

ESTA OBRA FOI COMPOSTA POR ACOMTE EM
MERIDIEN E IMPRESSA PELA GRÁFICA SANTA MARTA
EM OFSETE SOBRE PAPEL PÓLEN BOLD DA SUZANO S.A.
PARA A EDITORA SCHWARCZ EM JULHO DE 2023

A marca FSC® é a garantia de que a madeira utilizada na fabricação do papel deste livro provém de florestas que foram gerenciadas de maneira ambientalmente correta, socialmente justa e economicamente viável, além de outras fontes de origem controlada.